Iris A. Viola

BLÜTENKNOSPEN
Notizbuch

Format: 60 Seiten, 14,8x21 cm; 90 g/m2

Bibliografische Information der Deutschen Nationalbibliothek:
Die Deutsche Nationalbibliothek verzeichnet diese Publikation in der Deutschen Nationalbibliografie;
detaillierte bibliografische Daten sind im Internet über http://dnb.dnb.de abrufbar.

Herstellung und Verlag: BoD – Books on Demand, Norderstedt

ISBN: 9783750430488

Weitere Notizbücher von Iris A. Viola aus der Blüten – Notizbuchreihe:

Blütenfantasie

Blütenwelt

Blütenernte

Blütenrot

Blütenknospen

Blütenfreude

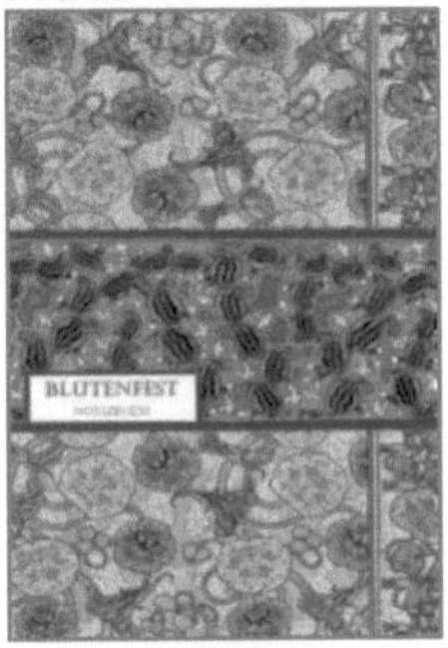

Blütenfest

Blütentraum

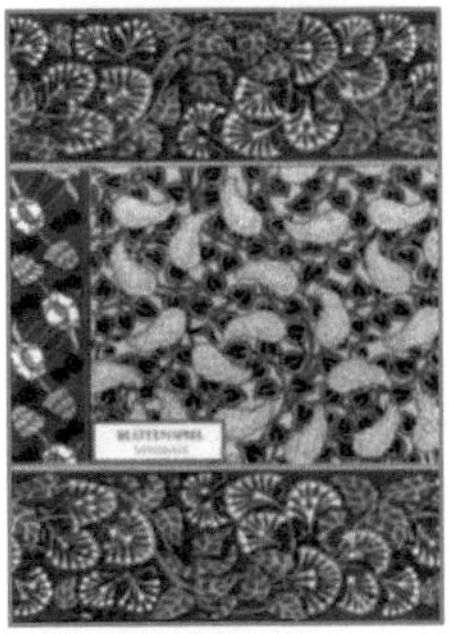

Blütenspiel

Blütenwelt

Blütenpracht

Blütenrausch

Blütentempel

Blütenblau

Blütenwald

Blütenmagie

Blütenzauber

Blütenrosa

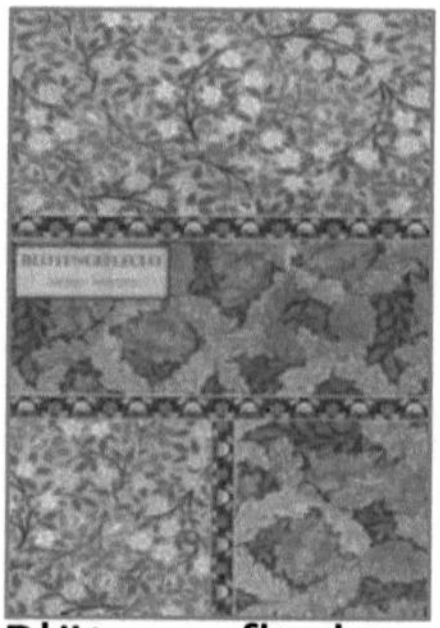
Blütengeflecht

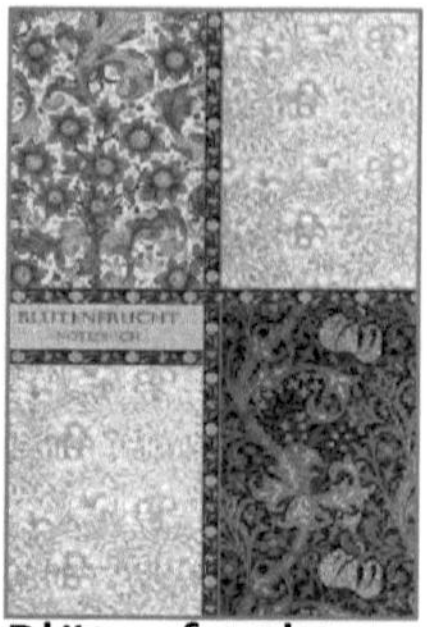

Blütenfrucht

Blütenkunst

Blütenmeer